Impressum
Verlag: BABADADA GmbH, Nedderfeld 112 , 22529 Hamburg
Geschäftsführer / Verlagsleitung: Harald Hof
Druck: Books on Demand GmbH, In de Tarpen 42, 22848 Norderstedt

Imprint
Publisher: BABADADA GmbH, Nedderfeld 112 , 22529 Hamburg, Germany
Managing Director / Publishing direction: Harald Hof
Print: Books on Demand GmbH, In de Tarpen 42, 22848 Norderstedt

мактаб

school

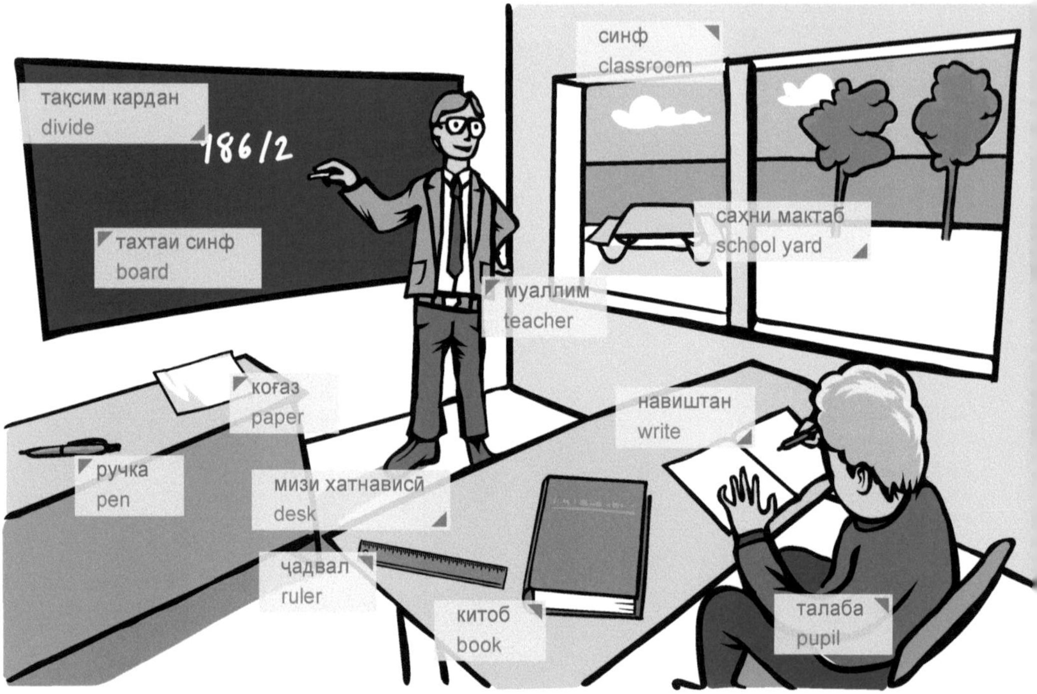

тақсим кардан
divide
186/2
синф
classroom
тахтаи синф
board
саҳни мактаб
school yard
муаллим
teacher
коғаз
paper
навиштан
write
ручка
pen
мизи хатнависӣ
desk
ҷадвал
ruler
китоб
book
талаба
pupil

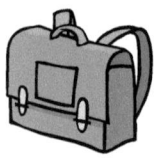

ҷузвдон

satchel

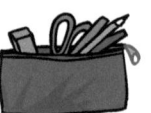

қаламдон

pencil case

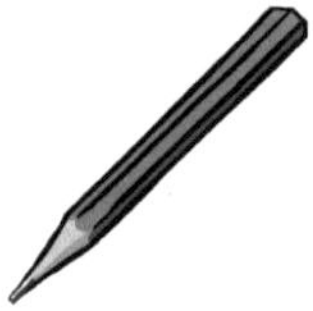

қалам

pencil

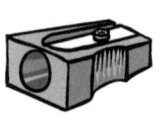

қаламтезкунак

pencil sharpener

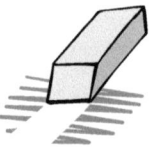

хаткуркунак

rubber

блокноти расмкашӣ

drawing pad

расм

drawing

мӯқалами рассомӣ

paintbrush

қуттии рангҳо

paint box

қайчӣ

scissors

ширеш

glue

дафтари машқ

exercise book

вазифаи хонагӣ

homework

рақам

number

ҷамъ кардан

add

кам кардан

subtract

зарб задан

multiply

ҳисоб кардан

calculate

ҳарф

letter

алфавит

alphabet

hello

калима

word

мактаб - school

матн

text

хондан

read

бӯр

chalk

дарс

lesson

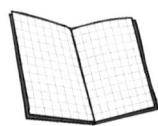

журнали синфӣ

register

имтиҳон

examination

шаҳодатнома

certificate

либоси мактабӣ

school uniform

таҳсил/маориф

education

энсиклопедия

encyclopedia

донишгоҳ

university

микроскоп (more frequently used)

microscope

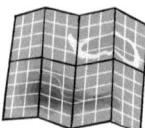

харита

map

сабади партофҳои коғазӣ

waste-paper basket

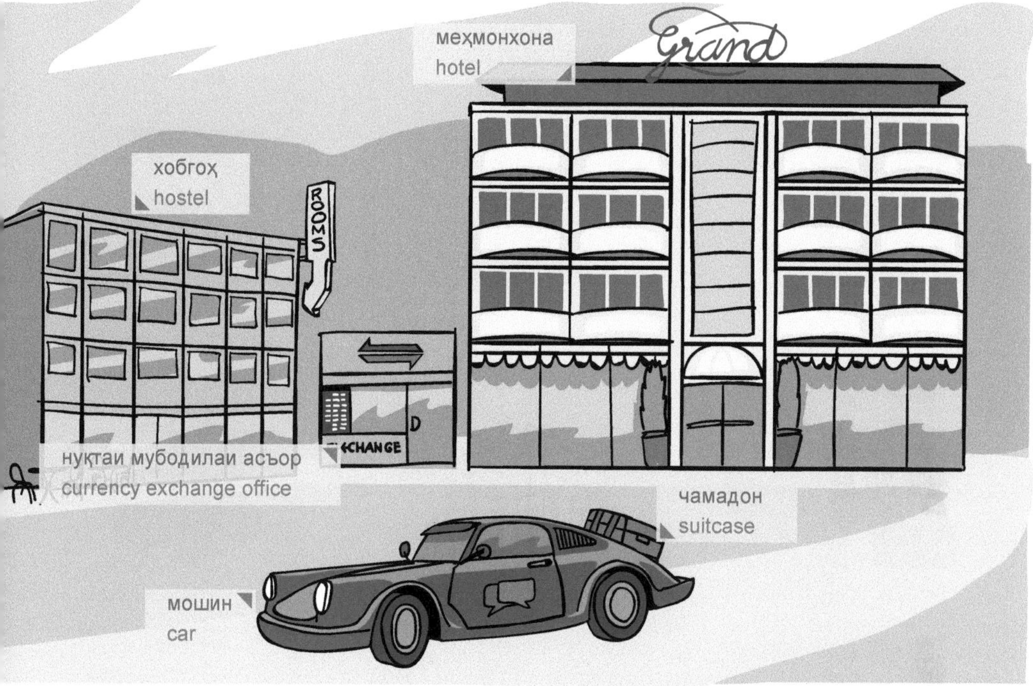

меҳмонхона
hotel
Grand
хобгоҳ
hostel
ROOMS
EXCHANGE
нуқтаи мубодилаи асъор
currency exchange office
чамадон
suitcase
мошин
car

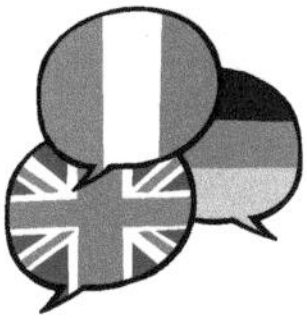

забон
language

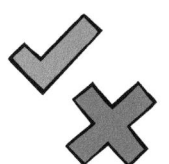

ҳа / не
yes / no

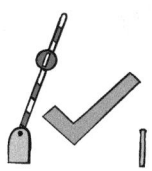

Хуб
Okay

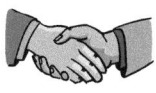

Ассалому алейкум
hello

тарҷумон
translator

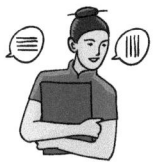

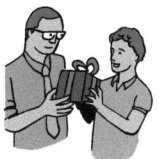

Раҳмат
Thank you

чӣ қадар аст ...?

how much is...?

Ман намефаҳмам

I don´t get it

проблема

problem

шаб ба хайр!

Good evening!

субҳ ба хайр

Good morning!

шаби хуш

Good night!

хайр

goodbye

равона

direction

бағоҷ

luggage

ҷузвдон

bag

борхалта

backpack

меҳмон

guest

хона

room

хобхалта

sleeping bag

хайма

tent

маълумоти сайёҳӣ

tourist information

соҳил

beach

корти кредитӣ

credit card

наҳорӣ

breakfast

хӯроки пешин

lunch

хӯроки шом

dinner

чипта

Ticket

лифт

elevator

марка

stamp

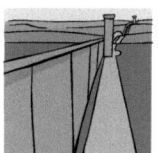

сарҳад

border

Гумрук

customs

сафорат

embassy

раводид

visa

шиносома

passport

наклиёт
transport

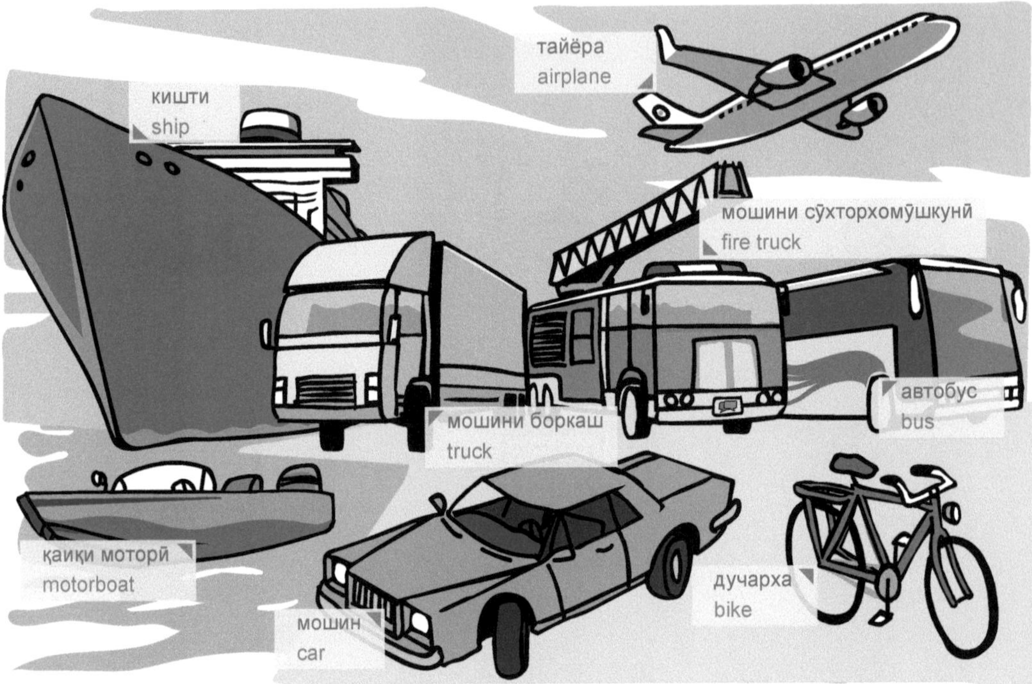

тайёра
airplane
кишти
ship
мошини сӯхторхомӯшкунӣ
fire truck
автобус
bus
мошини боркаш
truck
қаиқи моторӣ
motorboat
дучарха
bike
мошин
car

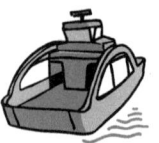

паром

ferry

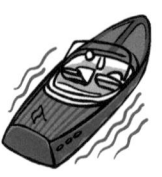

қаиқ

boat

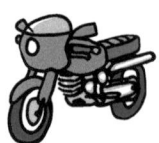

мотосикл

motorbike

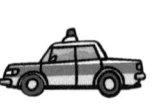

мошини полис

police car

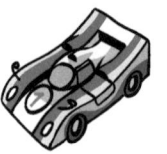

мошини тезрави пойгаи

racing car

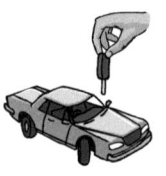

кирояи мошинҳо

rental car

ҳамроҳ истифодабарии
мошин

car sharing

эвакуатор

tow truck

павтовҷамъкунӣ

garbage truck

муҳаррик

engine

сӯзишворӣ

fuel

нуқтаи фурӯши сӯзишворӣ

fuel station

аломати роҳ

traffic sign

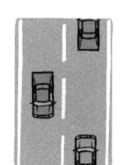

ҳаракат

traffic

бандшавии ҳаракати роҳ

traffic jam

ҷои исти мошинҳо

parking lot

истгоҳи роҳи оҳан

train station

роҳи оҳан

tracks

қатора

train

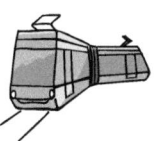

тамвай

tram

вагон

wagon

чархбол

helicopter

фурудгоҳ

airport

манора

tower

мусофир

passenger

контейнер

container

щутии картонй

carton

ароба

cart

сабад

basket

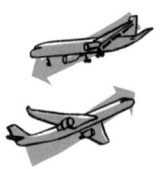

гирифтан / замин

take off / land

шаҳр

city

деҳа

village

маркази шаҳр

city center

хона

house

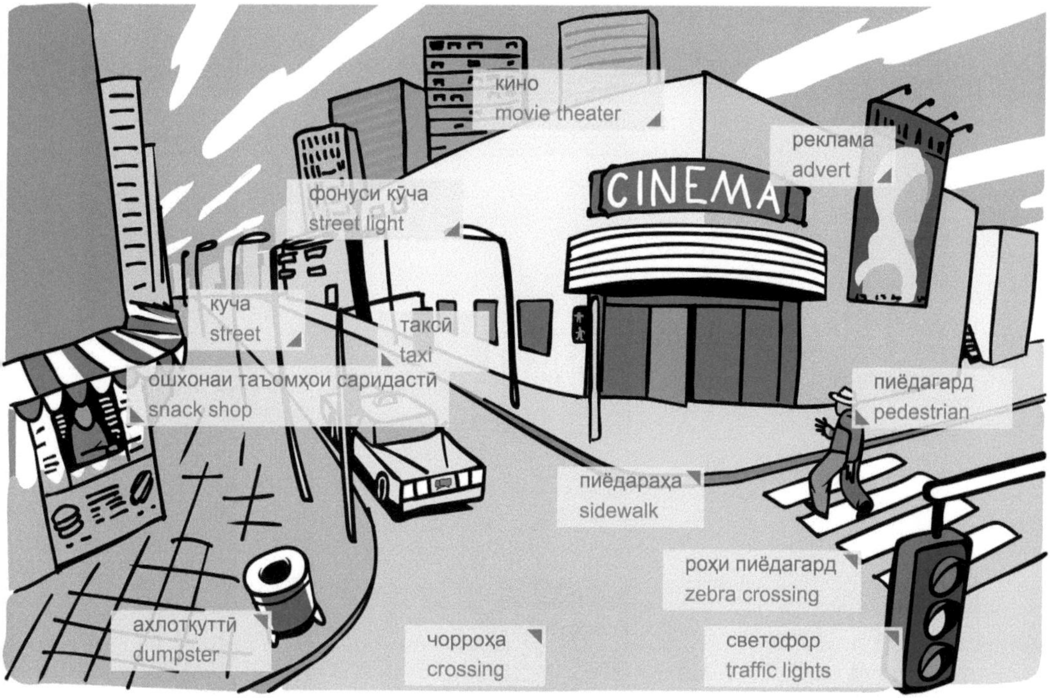

кино
movie theater

реклама
advert

фонуси кӯча
street light

куча
street

таксӣ
taxi

ошхонаи таъомхои саридастӣ
snack shop

пиёдагард
pedestrian

пиёдараха
sidewalk

роҳи пиёдагард
zebra crossing

ахлоткуттӣ
dumpster

чоррохa
crossing

светофор
traffic lights

кулба

hut

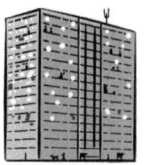

хамвор

apartment

истгохи рохи охан

train station

бинои маъмурияти шахр

city hall

осорхона

museum

мактаб

school

донишгоҳ

university

бонк

bank

бемористон

hospital

меҳмонхона

hotel

доухона

pharmacy

идора

office

сехи китоб

book shop

сехи

shop

мағозаи гулфурӯшӣ

flower shop

супермаркет

supermarket

бозор

market

универмаг

department store

мағозаи моҳифурӯшӣ

fishmonger's shop

маркази савдо

mall

бандар

harbor

парк

park

бонк

bench

пул

bridge

зинапоя

stairs

метро

subway

нақби

tunnel

истгоҳи автобус

bus stop

бар

bar

тарабхона

restaurant

қуттии почта

postbox

аломати номи кӯчаҳо

street sign

ҳисобкунаки исти мошинҳо

parking meter

боғи ҳайвонот

zoo

ҳавзи шиноварӣ

swimming pool

масҷид

mosque

ферма

farm

ифлоскунӣ

pollution

қабристон

cemetery

калисо

church

майдончаи бозӣ

playground

маъбад

temple

ландшафт
landscape

барг
leaf

аломати роҳнамо
signpost

роҳ
path

алафзор
meadow

санг
stone

дарахт
tree

сайёҳ
hiker

дарё
river

алаф
grass

гул
flower

водй
valley

кӯҳ
hill

кул
lake

беша
forest

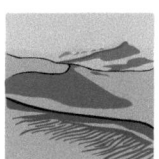

биёбон
desert

вулкан
volcano

қалъа
castle

рангинкамон
rainbow

занбӯруғ
mushroom

дарати нахл
palm tree

хомӯшак
mosquito

паридан
fly

мурча
ant

занбур
bee

тортанак
spider

гамбӯсак

beetle

қурбоққа

frog

санҷоб

squirrel

хорпушт

hedgehog

харгӯш

hare

бум

owl

парранда

bird

мурғи қу

swan

хуки ваҳшй

boar

оху

deer

гавазн

moose

сарбанд

dam

турбина шамол

wind turbine

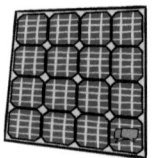

панел офтобй

solar panel

иқлим

climate

тарабхона
restaurant

пешхизмат
waiter
меню
menu
курсӣ
chair
шӯрбо
soup
Pizza
pizza
дастархон
tablecloth
асбобу анҷоми хӯрокхӯрӣ
cutlery

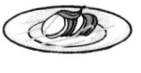

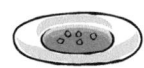

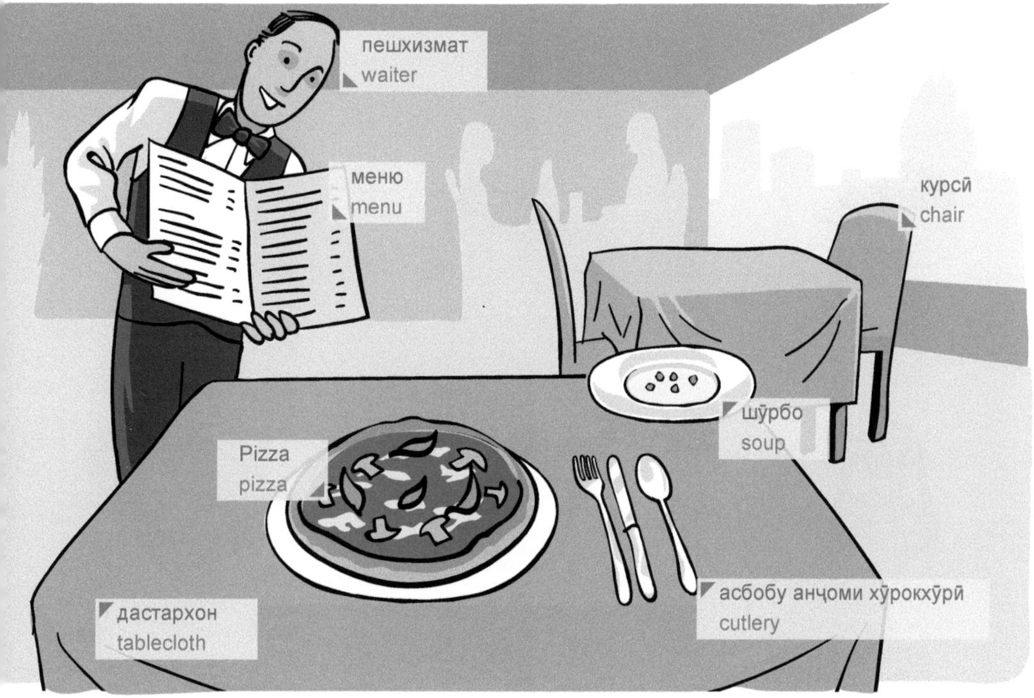

стартер/корандоз

starter

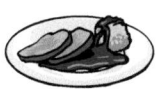

хӯроки асосӣ

main course

десерт

dessert

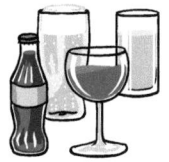

нӯшокиҳои

drinks

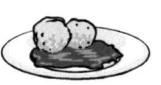

таъом

food

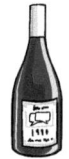

шиша

bottle

Хӯроки Тез Таёр мешуда

fast food

хӯроки кӯчагӣ

street food

чойник

teapot

шакардон

sugar bowl

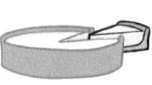

қисм/порча

portion

мошини espresso

espresso machine

курсии кӯдакона

high chair

ҳисоб

bill

зарфмонак

tray

корд

knife

чангол

fork

қошуқ

spoon

қошуқча

teaspoon

сачоқи қоғазӣ

serviette

истакон

glass

табақча

plate

косача

soup plate

таксимча

saucer

соус

sauce

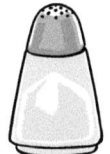

намакдон

salt shaker

мурчдон

pepper mill

сирко

vinegar

равғани растанй

oil

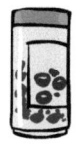

приправа

spices

кетчуп

ketchup

хардал

mustard

майонез

mayonnaise

супермаркет
supermarket

пешниҳоди махсус
special offer
FOR
мизоҷ
customer
шир
dairy products
мева
fruit
аробача
shopping cart

BUTCHERS

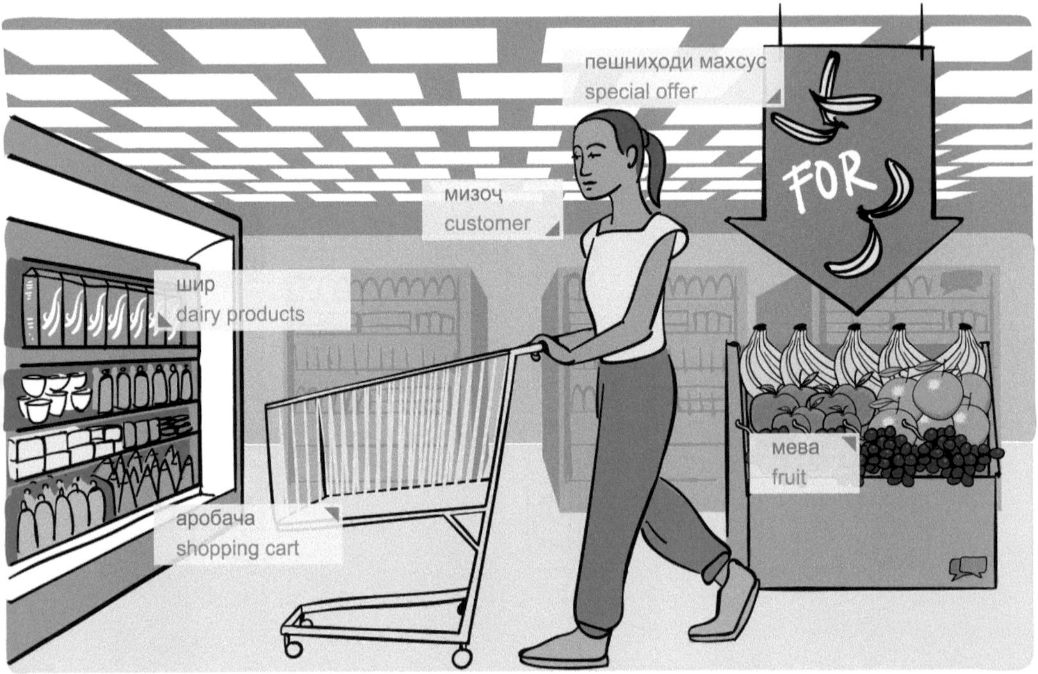

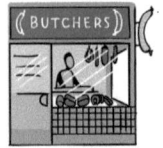

дукони гӯштфурӯшӣ
....
butcher's shop

BAKERY

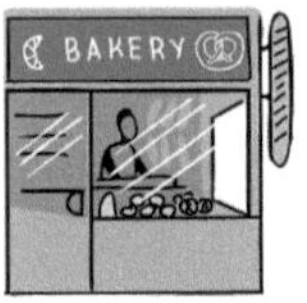

дукони нонфурӯшӣ
....
bakery

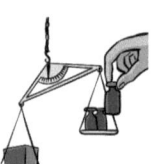

баркашидан
....
weigh

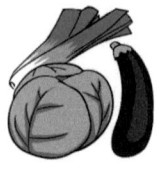

сабзавот
....
vegetables

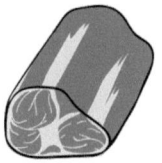

гӯшт
....
meat

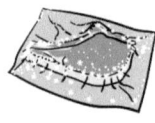

хӯроки яхбаста
....
frozen food

тилимҳои борик буридаи
гушт

cold cuts

озуқаворӣ
консервонидашуда

canned food

хокаи либосшӯй

detergent

ширинӣ

candy

асбоби рӯзгор

household products

воситаҳои тозакунанда

cleaning products

фурӯшанда

sales representative

касса

cash register

кассир

cashier

рӯихати харидкунӣ

shopping list

соат ифтитоҳи

opening hours

ҳамён

wallet

корти кредитӣ

credit card

ҷузадо

bag

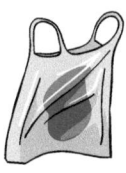

пакет

plastic bag

об

water

шарбат

juice

шир

milk

кола

coke

шароб

wine

оби ҷав

beer

машрубот

alcohol

какао

cocoa

чой

tea

қаҳва

coffee

эспрессо

espresso

каппучино

cappuccino

банан

banana

себ

apple

норанчӣ

orange

харбуза

melon

лимӯ

lemon

сабзӣ

carrot

сир

garlic

бамбук

bamboo

пиёз

onion

занбӯруғ

mushroom

чормағз

nuts

угро

noodles

спагеттй

spaghetti

биринҷ

rice

салат

salad

картошкаи қоқак

fries

картошкабирён

fried potatoes

Pizza

pizza

гамбургер

hamburger

бутербурод

sandwich

шнитсел

escalope

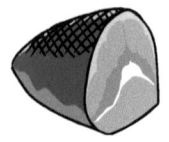

гӯшти намакардаи хук

ham

ҳасиби салямй

salami

ҳасиб

sausage

мурғ

chicken

кабоб

roast

моҳй

fish

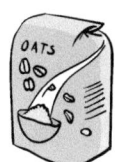

ярмаи ҷав

porridge oats

омехтаи ғалладонагӣ

muesli

ярмаи чуворимакка

cornflakes

орд

flour

кулчақанд

croissant

кулчақанд

bread roll

нон

bread

як порча нони бирён

toast

кулчачаҳои қандин

cookies

маска

butter

творог

curd

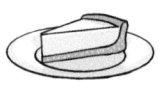

пирог

cake

тухм

egg

тухм бирён

fried egg

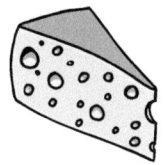

панир

cheese

яхмос

ice cream

шакар

sugar

асал

honey

мураббо

jelly

хамираи ҳалво

nougat cream

Curry

curry

ферма

farm

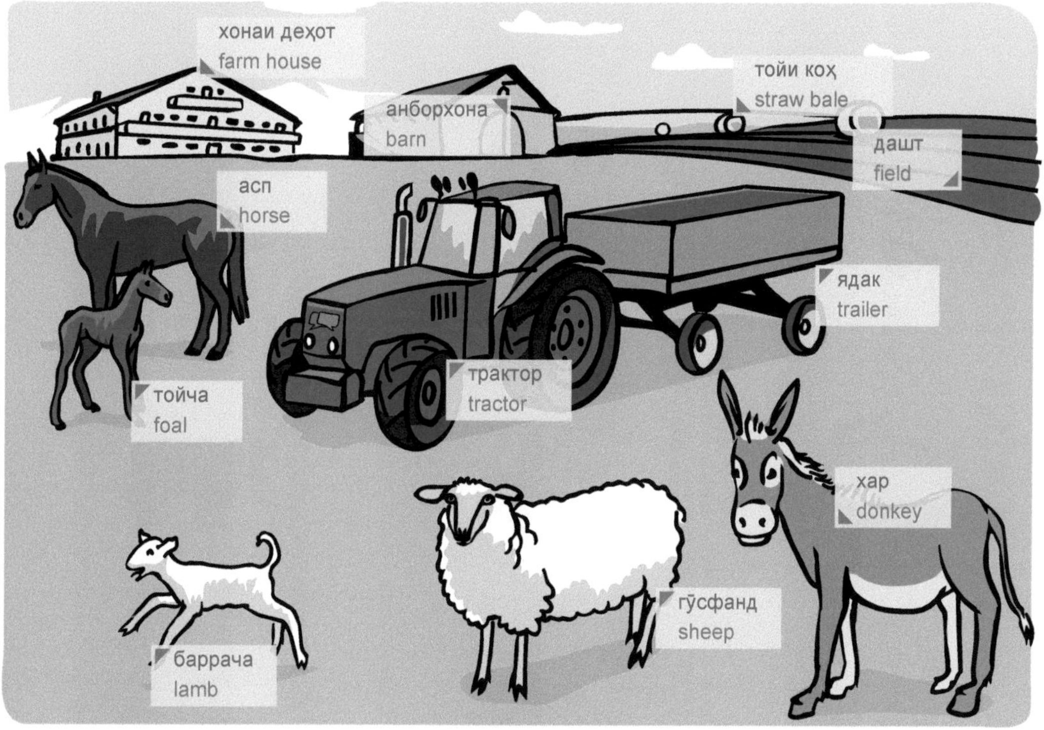

хонаи деҳот
farm house
анборхона
barn
тойи коҳ
straw bale
дашт
field
асп
horse
ядак
trailer
трактор
tractor
тойча
foal
хар
donkey
гӯсфанд
sheep
баррача
lamb

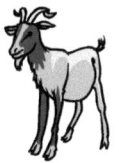

буз

goat

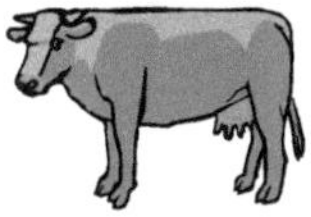

гов

cow

гӯсола

calf

хук

pig

хукча

piglet

buққа

bull

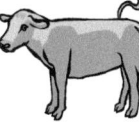

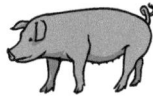

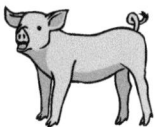

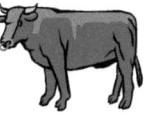

қоз

goose

мурғобй

duck

чӯча

chick

мурғ

hen

хурӯс

cockerel

каламуш

rat

гурба

cat

муш

mouse

барзагов

ox

саг

dog

хоначаи саг

dog house

рӯдаи резинй

garden hose

камобй метавонад

watering can

дос

scythe

сипори шудгоркунии замин

plow

доси

sickle

каланд

hoe

панҷшоха

pitchfork

табар

axe

ароба

pushcart

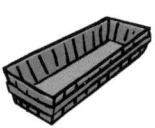

охур

trough

зарфи ширгирӣ

milk can

халта

sack

девор

fence

мӯътадил

stable

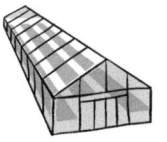

гармхона

greenhouse

хок

soil

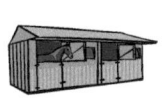

тухмӣ

seed

нуриҳо

fertilizer

комбайни ғаллағундорӣ

combine harvester

ҳосил

harvest

ҳосил

harvest

yams

yams

гандум

wheat

лубиж

soya

картошка

potato

ҷуворй

corn

донаи маъсар

rapeseed

дарахти мева

fruit tree

manioc

manioc

ғалладона

grain

хона
house

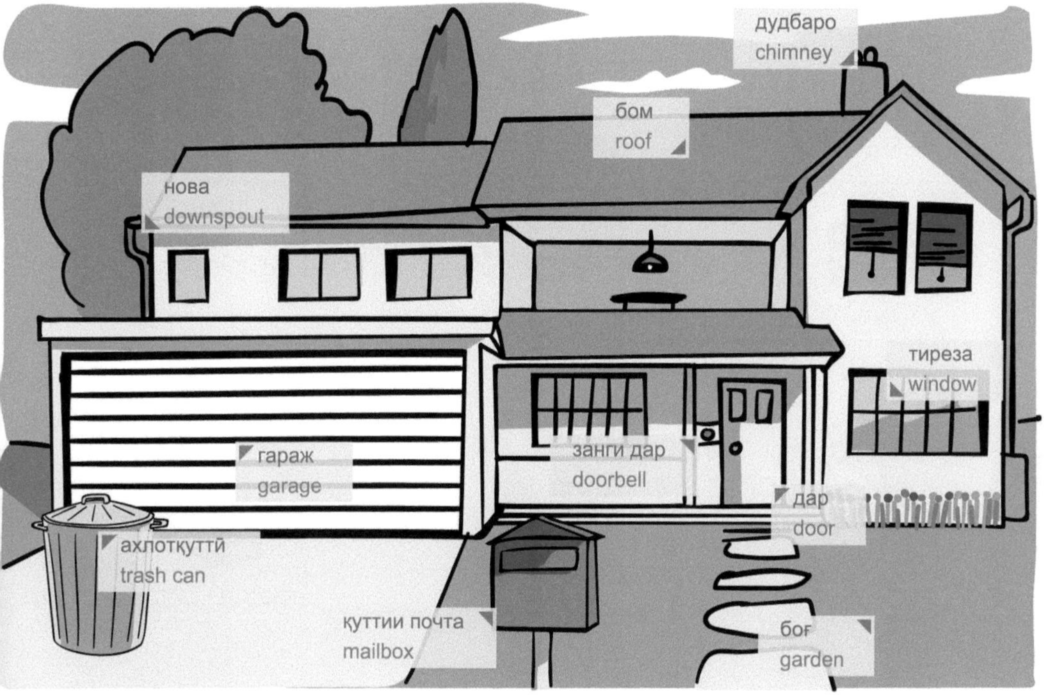

дудбаро
chimney
бом
roof
нова
downspout
тиреза
window
гараж
garage
занги дар
doorbell
дар
door
ахлотқуттӣ
trash can
қуттии почта
mailbox
боғ
garden

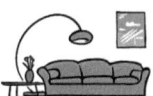

мехмонхона
....
living room

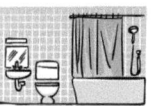

ҳамом
....
bathroom

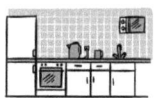

ошхона
....
kitchen

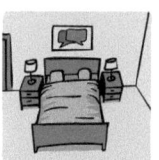

хонаи хоб
....
bedroom

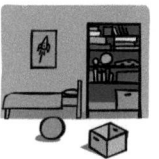

ҳуҷраи кӯдакона
....
kids room

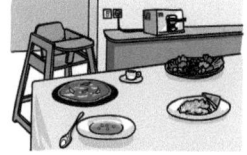

ошхона
....
dining room

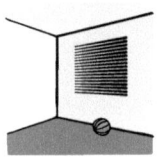

ошёна

floor

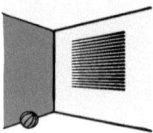

девор

wall

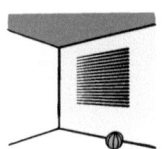

шифт

ceiling

тагзаминӣ

cellar

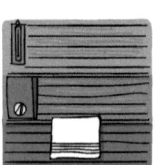

сауна

sauna

балкон

balcony

суфача

terrace

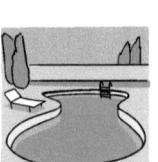

ҳавз

pool

мошини алафдарав

lawn mower

варақ

sheet

кампал

bedspread

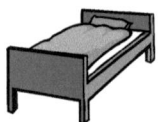

кат

bed

ҷорӯб

broom

сатил

bucket

калид

switch

мехмонхона

living room

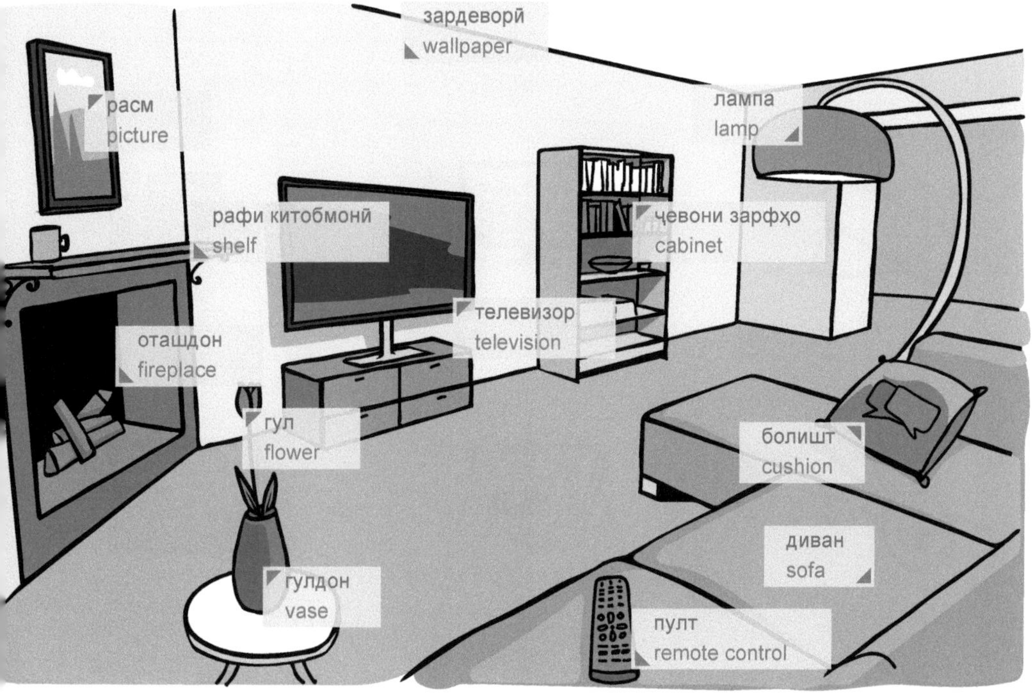

зардеворӣ
wallpaper
расм
picture
лампа
lamp
рафи китобмонӣ
shelf
ҷевони зарфҳо
cabinet
телевизор
television
оташдон
fireplace
гул
flower
болишт
cushion
диван
sofa
гулдон
vase
пулт
remote control

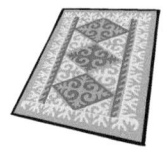

қолин

carpet

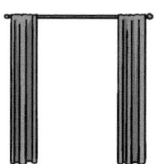

парда

drape

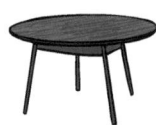

мизи

table

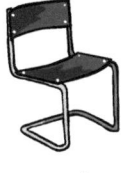

курсӣ

chair

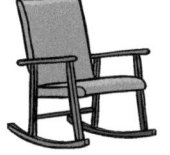

rocking кафедраи

rocking chair

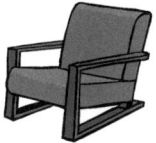

курсӣ

armchair

китоб

book

курпа

blanket

ороиш

decoration

ҳезум

firewood

филм

film

дастгоҳи hi-fi

stereo system

калид

key

рӯзнома

newspaper

расм

painting

эълон

poster

радио

radio

китобчаи қайдҳо

notebook

чангкашак

vacuum cleaner

кактус

cactus

шам

candle

ошхона
kitchen

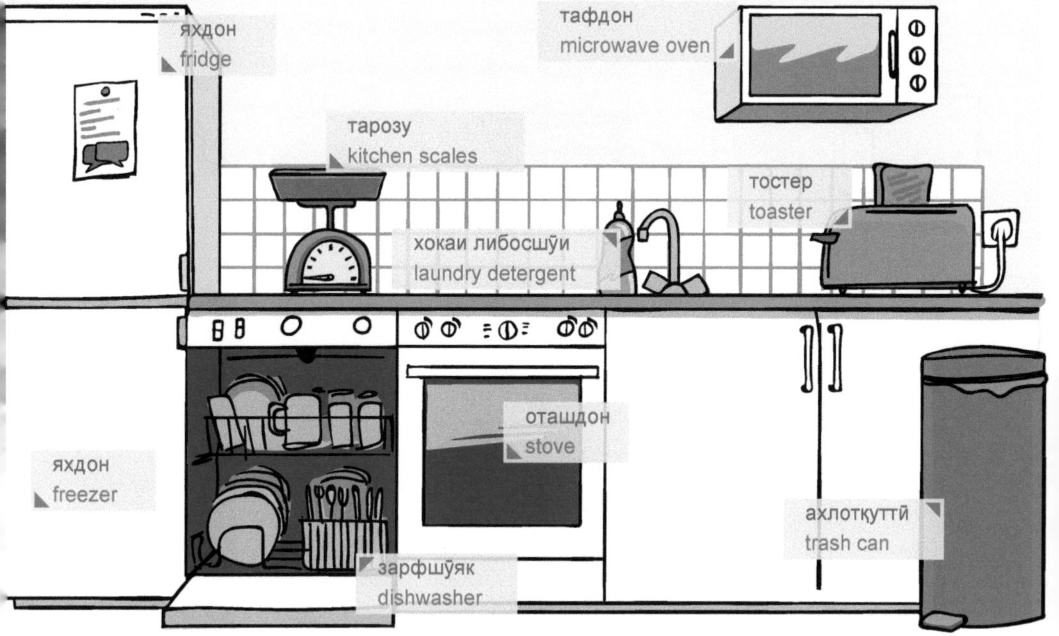
яхдон
fridge
тафдон
microwave oven
тарозу
kitchen scales
тостер
toaster
хокаи либосшӯи
laundry detergent
отащдон
stove
яхдон
freezer
ахлотқуттӣ
trash can
зарфшӯяк
dishwasher

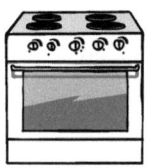

плита

cooker

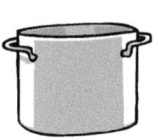

тубак

pot

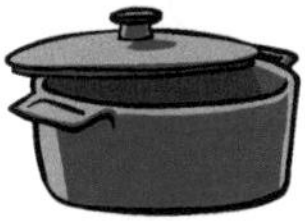

дег

cast-iron pot

дег / кадй

wok / kadai

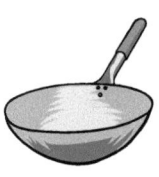

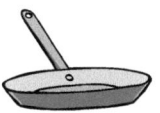

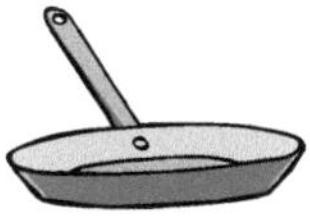

тоба

pan

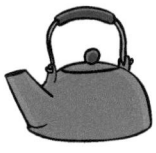

чойник

kettle

steamer
steamer

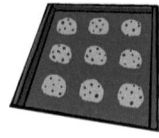

лист
baking tray

зарф
crockery

кружка
mug

коса
bowl

чубаки хурокхӯрй
chopsticks

кафлези
ladle

кафлези ҳамвор
spatula

whisk
whisk

strainer
strainer

элак
sieve

турбтарошак
grater

миномет
mortar

Кабоб Кардан
barbecue

оташ кушод
fireplace

тахтаи резакунӣ

chopping board

чӯба

rolling pin

пӯккашак

corkscrew

банка

can

консервокушояк

can opener

дастак

oven cloth

дастшӯяк

sink

чӯтка

brush

исфанҷ

sponge

блендер

blender

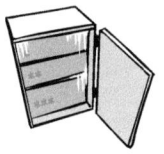

сармодон

deep freezer

шишача

baby bottle

ҷумак

tap

ҳамом
bathroom

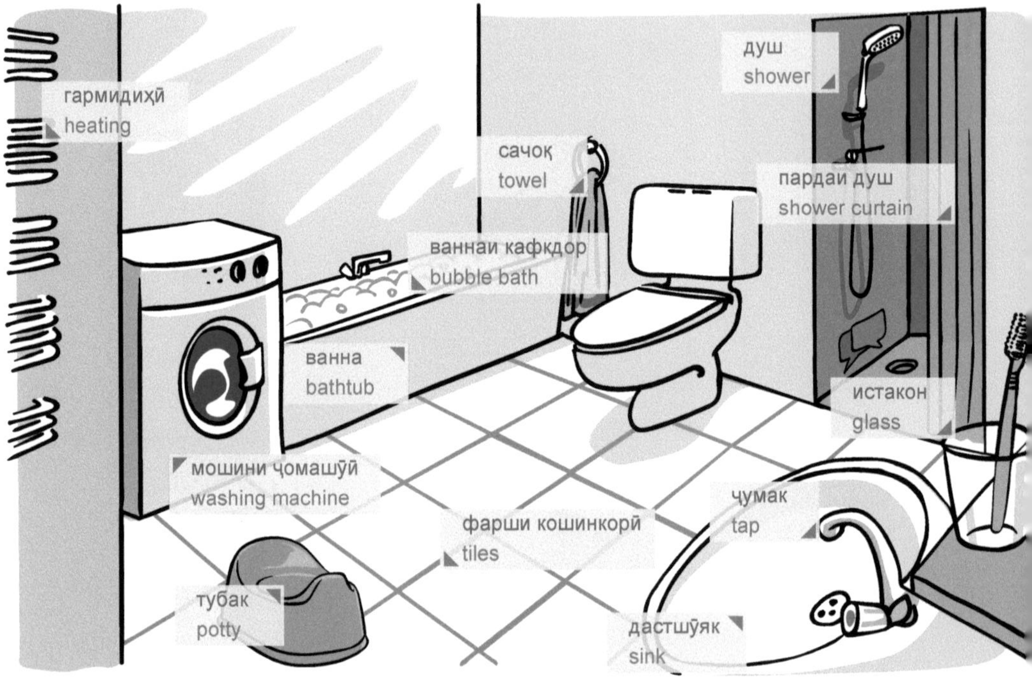
гармидиҳӣ
heating
душ
shower
сачоқ
towel
пардаи душ
shower curtain
ваннаи кафкдор
bubble bath
ванна
bathtub
истакон
glass
мошини ҷомашӯӣ
washing machine
ҷумак
tap
фарши кошинкорӣ
tiles
тубак
potty
дастшӯяк
sink

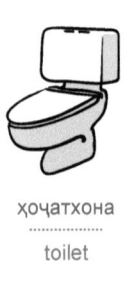

ҳоҷатхона
toilet

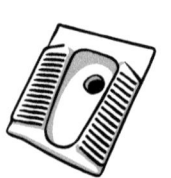

нишастгоҳи халоҷои рӯйфаршӣ
squat toilet

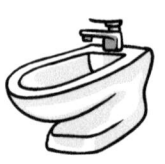

биде
bidet

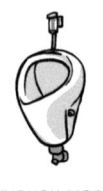

ҳоҷатхонаи мардона
urinal

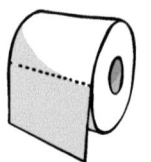

коғази ташноб
toilet paper

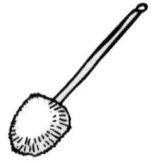

чӯткаи ҳоҷатхона
toilet brush

дандоншӯяк

toothbrush

хамираи дандоншӯи

toothpaste

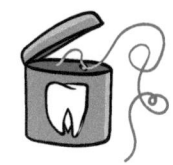

риштаи дандонтозакунӣ

dental floss

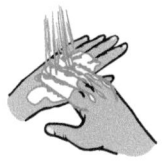

шӯстан

wash

души дастӣ

hand shower

обшӯй

douche

ҳавза

basin

шона кардани мӯй

back brush

собун

soap

гел барои душ

shower gel

шампун

shampoo

бумазӣ

flannel

заҳкаш

drain

крем

creme

дезодорант

deodorant

оина

mirror

оинаи дастӣ

hand mirror

риштарошаки барқи

razor

кафк барои риштарошӣ

shaving foam

оби мушкини баъди
риштарошӣ

aftershave

шона

comb

чӯтка

brush

мӯйхушкунак

hair-dryer

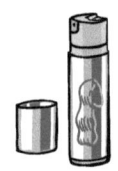

лак барои мӯй

hairspray

косметика

makeup

лабсурхкунак

lipstick

лок барои нохун

nail varnish

пахта

cotton wool

қайчии нохунгирӣ

nail scissors

атриёт

perfume

ҷузвдони косметики

washbag

қазои ҳоҷат

stool

тарозу

weighing scales

хилъат

bathrobe

дастпӯшак резина

rubber gloves

тампон

tampon

дастмоли санитарӣ

sanitary towel

био-ҳоҷатхона

chemical toilet

ҳуҷраи кӯдакона
kids room

соати рӯимизии зангдор
alarm clock
бозичаи мулоим
cuddly toy
мошини бозича
toy car
тиқ-тиқ кардан
rattle
хоначаи бозичагӣ
doll's house
ҳузур
present

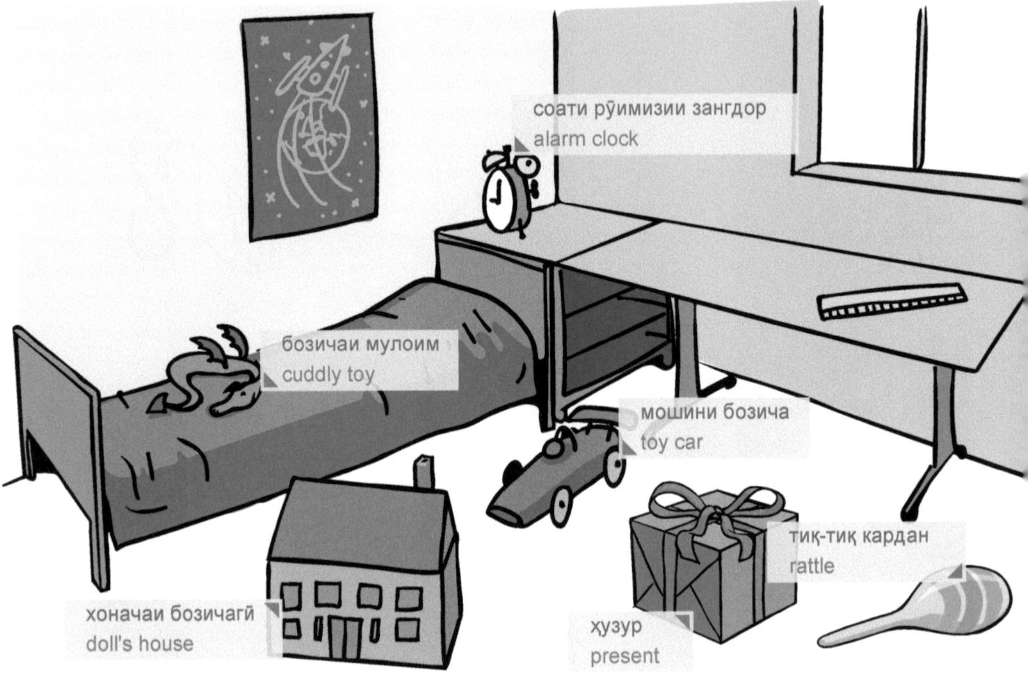

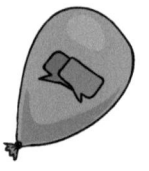

пуфак

balloon

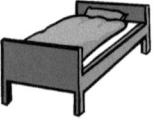

кат

bed

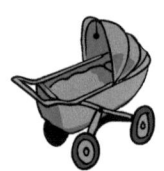

аробочаи кудакона

stroller

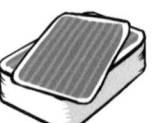

маҷмӯи кортҳо

deck of cards

бозии муамоёбӣ

jigsaw

SUPER
MEGA

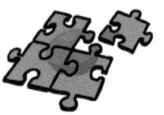

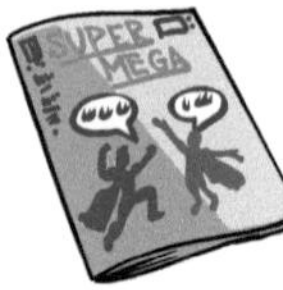

комикс

comic

хиштҳои лего

lego bricks

мағозаи бозичафурӯхтан

toy blocks

рақам амал

action figure

либоси ғаваккашӣ

romper suit

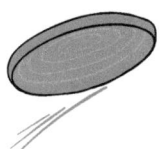

фрисби

frisbee

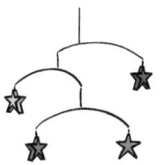

мобилӣ

mobile

лавҳачаи бозӣ

board game

кубик

dice

маҷмӯи модели қатора

model train set

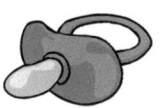

пистонак

pacifier

ҳизб

party

китоби расм

picture book

тӯб

ball

лӯхтак

doll

бози кардан

play

қуттии рег

sandpit

арғунчак

swing

бозича

toys

консоли бозиҳои видеой

video game console

велосипеди сечарха

tricycle

хирсаки бахмалии патдор

teddy bear

чевон

wardrobe

либос

clothing

ҷуроб

socks

ҷуроби соқбаланд

stockings

колготки

tights

гарданпеч
scarf

чатр
umbrella

футболка
t-shirt

тасма
belt

пойафзол
boots

шиппак
slippers

кроссовки
sneakers

босоножкй
sandals

пойафзол
shoes

музаи резинй
rubber boots

турсй
underwear

синабанд
bra

майка
undershirt

бадан

body

шим

pants

чинс

jeans

юбка

skirt

куртаи нимтаи занона

blouse

курта

shirt

свитер

pullover

свитер

sweater

пичак

blazer

нимтана

jacket

палто

coat

плаш

raincoat

костюм

costume

куртаи занона

dress

либос тӯйи

wedding dress

костюм

suit

куртаи хоб

nightgown

пижама

pajamas

Сари

sari

рӯймол

headscarf

салла

turban

ниқобу

burka

кафтан

kaftan

абая

abaya

либоси обозӣ

swimsuit

эзорчаи шиновариӣ мардона

trunks

шорти

shorts

либоси варзишӣ

tracksuit

пешбанд

apron

дастпӯшак

gloves

тугма

button

айнак

glasses

дастпона

bracelet

гарданбанд

necklace

ангуштарин

ring

гӯшвора

earring

кулоҳ

cap

либосовезак

coat hanger

кулоҳ

hat

галстук

tie

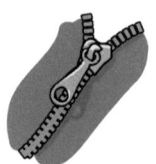

занҷирак

zip

тоскулоҳ

helmet

шимбардор

braces

либоси мактабӣ

school uniform

либоси

uniform

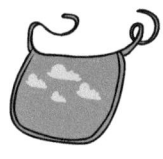

пешгир

bib

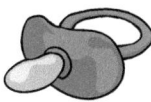

пистонак

pacifier

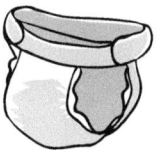

подгузник

diaper

идора

office

сервер
server
чевони ҳуҷҷатмонӣ
filing cabinet
принтер
printer
коғаз
paper
монитор
monitor
мизи хатнависӣ
desk
мушак
mouse
ҷузъгир
folder
клавиатура
keyboard
сабади партофҳои коғазӣ
waste-paper basket
копютер
computer
курсӣ
chair

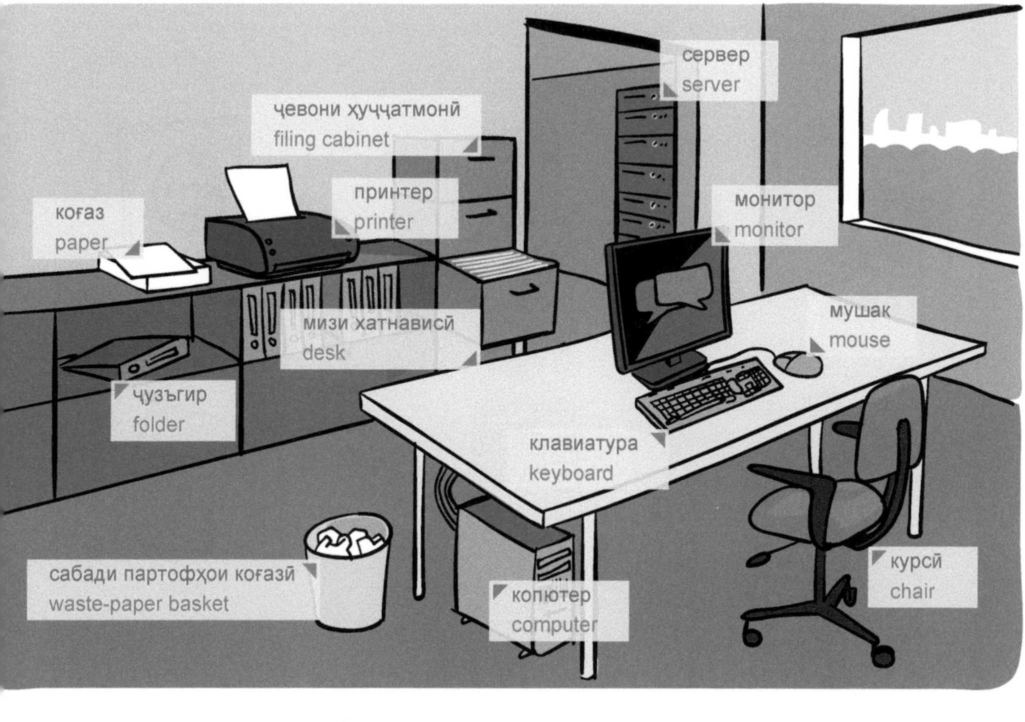

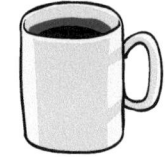

кружкаи қаҳванӯшӣ

coffee mug

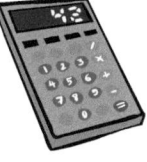

калкулятор

calculator

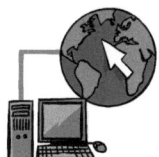

интернет

internet

ноутбук

laptop

мактуб

letter

хабар

message

телефони мобилӣ

cell phone

шабака

network

нусхабардор

photocopier

нармафзор

software

телефон

telephone

розетка

plug socket

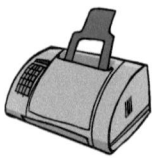

факс

fax machine

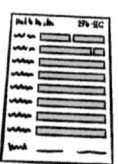

шакл

form

ҳуҷҷат

document

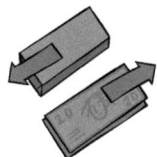

харидан

buy

пардохт

pay

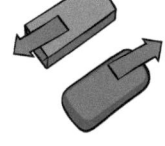

савдо

trade

пул

money

 USD

доллар

dollar

EUR

евро

euro

JPY

йен

yen

RUB

рубл

rouble

CHF

франки швейцариягӣ

Swiss franc

CNY

юан

renminbi yuan

INR

рупй

rupee

нуқтаи нақд

cash point

нуқтаи мубодилаи асъор

currency exchange office

тилло

gold

нукра

silver

равғани растанӣ

oil

энерги

energy

нарх

price

шартнома

contract

андоз

tax

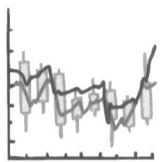

саҳмия

stock

кор

work

хизматчӣ

employee

соҳибкор

employer

завод

factory

сехи

shop

касбҳо
occupations

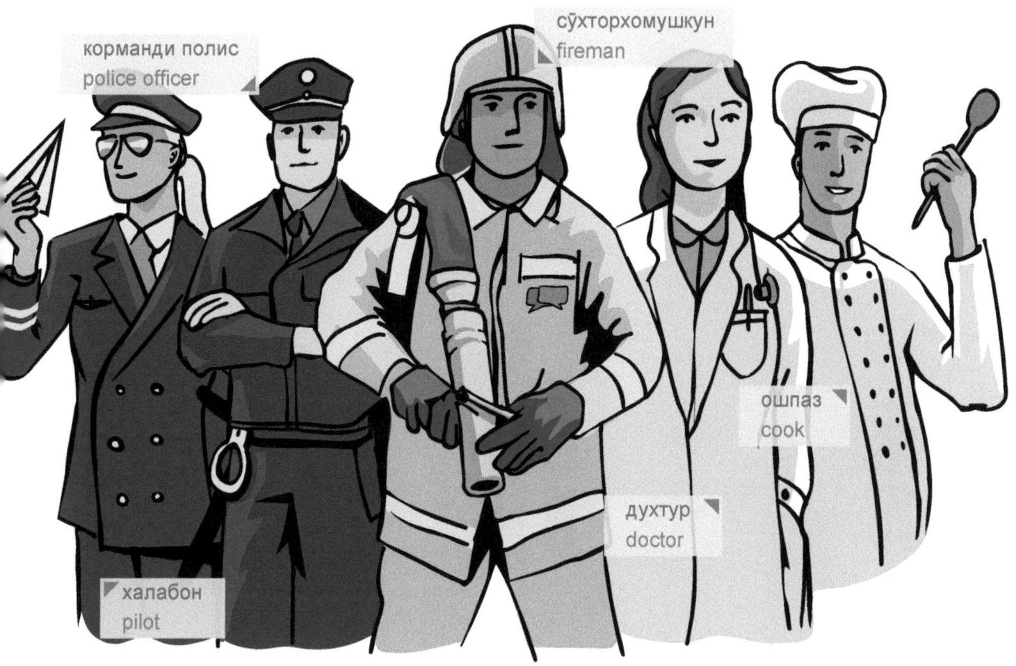
корманди полис
police officer
сӯхторхомушкун
fireman
ошпаз
cook
духтур
doctor
халабон
pilot

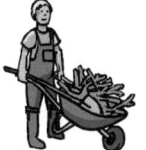

боғбон

gardener

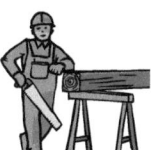

чӯбтарош

carpenter

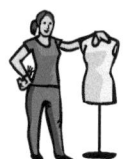

дӯзанда

seamstress

судя

judge

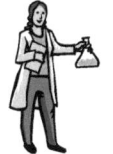

кимиёшинос

chemist

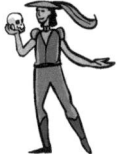

актер

actor

ронандаи автобус

bus driver

таксист

taxi driver

моҳигир

fisherman

фаррошзан

cleaning lady

устои бомпӯш

roofer

пешхизмат

waiter

шикорчӣ

hunter

расом

painter

нонвой

baker

барқ

electrician

сохтмончӣ

builder

инженер

engineer

қассоб

butcher

устои шабакаи об

plumber

хаткашон

postman

сарбоз

soldier

меъмор

architect

кассир

cashier

гулфурӯш

florist

сартарош

hairdresser

кондуктор

conductor

механик

mechanic

капатан

captain

духтури дандон

dentist

олим

scientist

хохом

rabbi

имом

imam

шайх

monk

саркоҳин

pastor

асбобҳо

tools

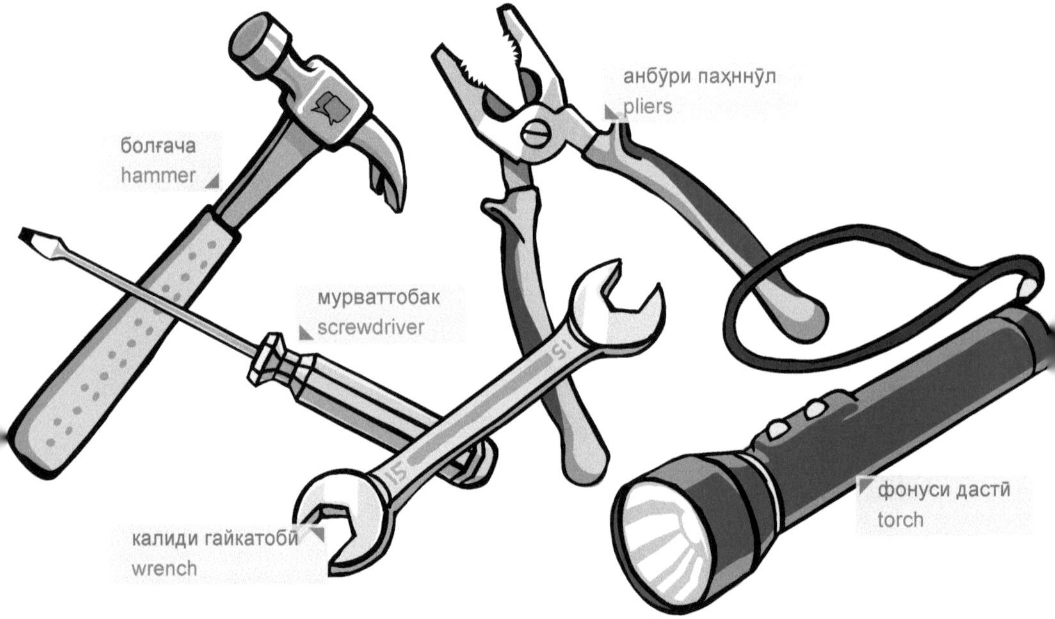
анбӯри паҳннӯл
pliers
болғача
hammer
мурваттобак
screwdriver
фонуси дастӣ
torch
калиди гайкатобӣ
wrench

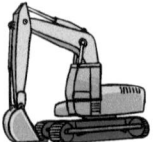

экскаватор

excavator

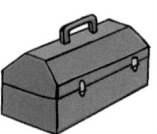

қутии асбобҳо

toolbox

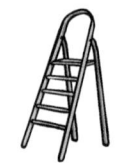

зинапоя

ladder

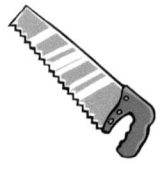

арра

saw

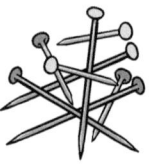

мехҳо

nails

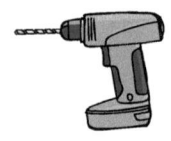

пармаи электрикӣ

drill

таъмир

repair

бел

shovel

Сабил монад!

Damn!

белчаи хокрӯбагирй

dustpan

сатили ранг

paint can

мехи печдор

screws

асбобҳои мусиқӣ
musical instruments

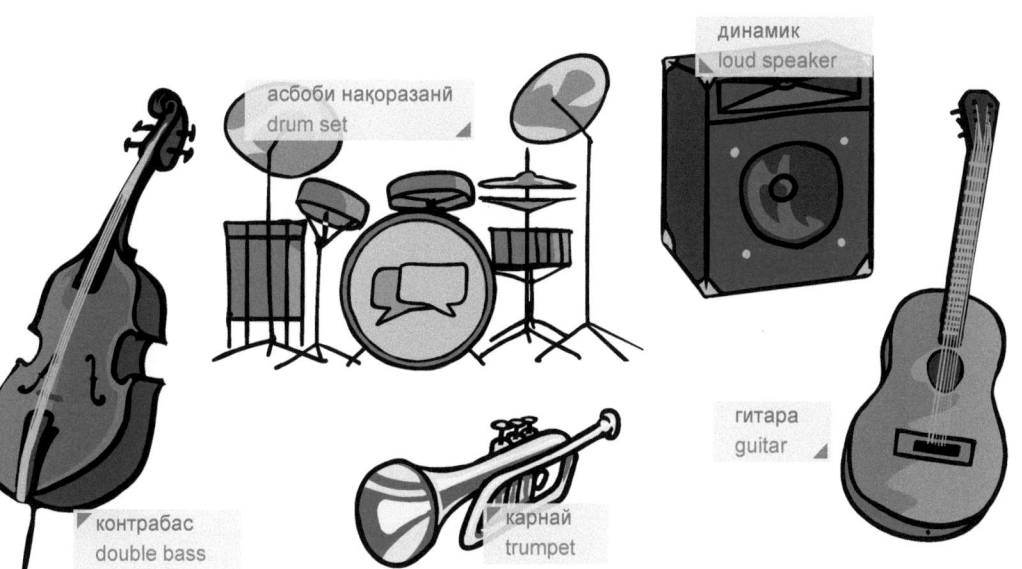

динамик
loud speaker

асбоби нақоразанй
drum set

гитара
guitar

контрабас
double bass

карнай
trumpet

пианино

piano

ғиччак

violin

бас-гитара

bass

нақораи поядор

timpani

нақора

drums

клавиатура

keyboard

саксофон

saxophone

най

flute

баландгӯяд

microphone

боғи ҳайвонот

zoo

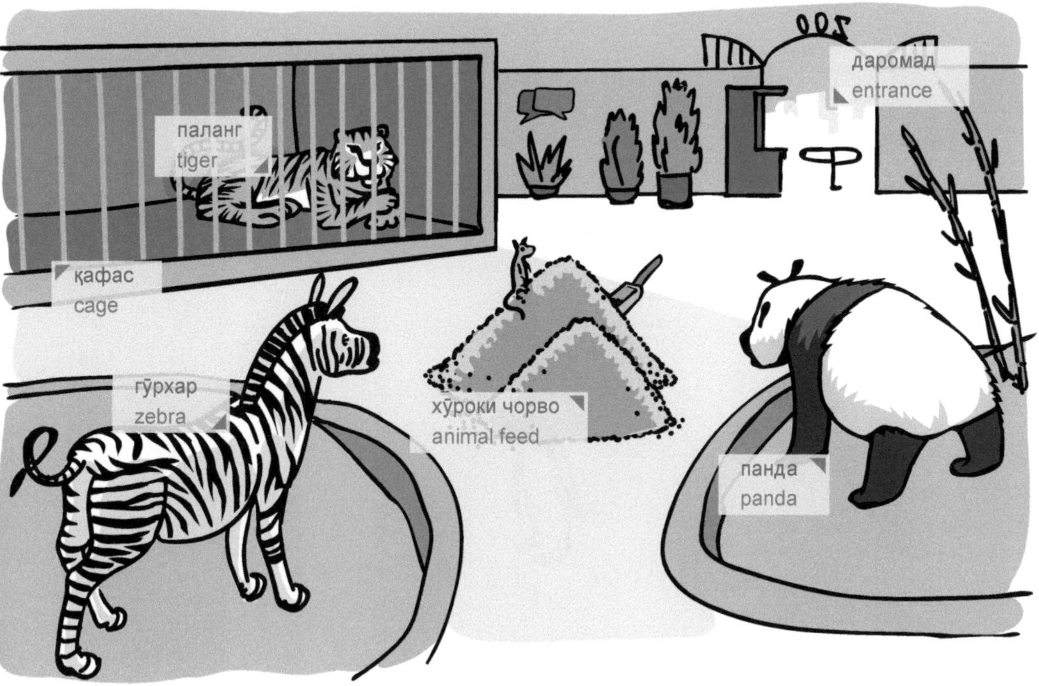
даромад
entrance
паланг
tiger
қафас
cage
гӯрхар
zebra
хӯроки чорво
animal feed
панда
panda

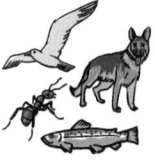

ҳайвонот

animals

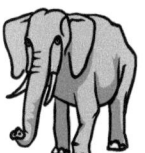

фил

elephant

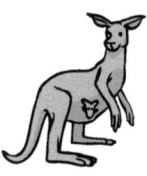

кенгуру

kangaroo

каркадан

rhino

горилла

gorilla

хирси бӯр

bear

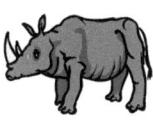

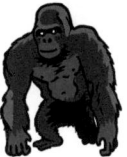

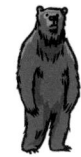

шутур

camel

шутурмурғ

ostrich

шер

lion

маймун

monkey

бутимор

flamingo

тӯти

parrot

хирси сафед

polar bear

пингвин

penguin

наҳанг

shark

товус

peacock

мор

snake

тимсоҳ

crocodile

посбон

zookeeper

сил

seal

ягуар

jaguar

аспи кӯтоҳқад

pony

леопард

leopard

баҳмут

hippo

зарофа

giraffe

уқоб

eagle

хуки ваҳшй

boar

моҳй

fish

сангпушт

turtle

морж

walrus

рӯбоҳ

fox

ғизол/оху

gazelle

футболи амрикои
American football

велосипедронӣ
cycling

теннис
tennis

баскетбол
basketball

шиноварӣ
swimming

бокс
boxing

хоккей
ice hockey

футбол
soccer

бадминтон
badminton

атлетика
athletics

гандбол
handball

лижаронӣ
skiing

тӯббозӣ бо асп
polo

фаъолият
activities

ханда
laugh
паридан
jump
оғӯш гирифтан
hug
пиёда рафтан
walk
шеър хондан
sing
орзӯ кардан
dream
ибодат кардан
pray
бӯса кардан
kiss

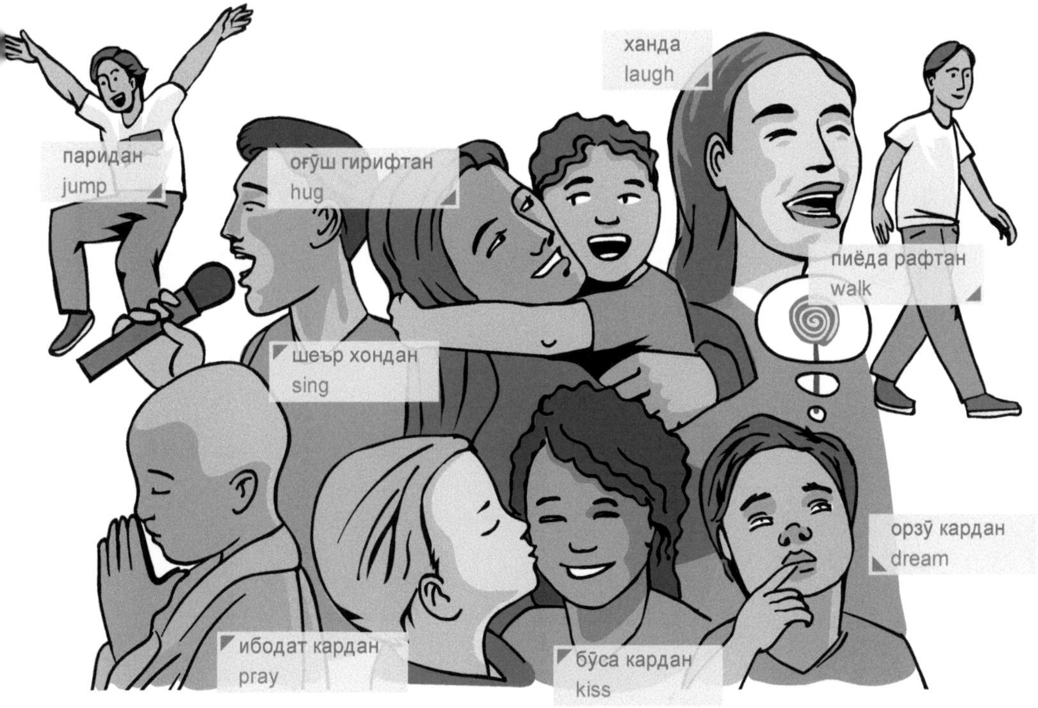

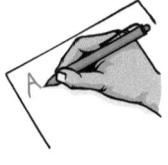

навиштан

write

кашидан

draw

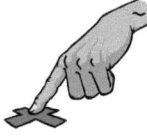

нишон додан

show

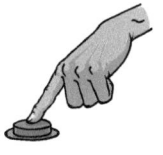

тела додан

push

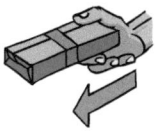

додан

give

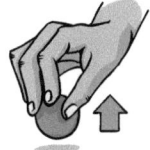

гирифтан

take

доранд

have

кор

do

бошад

be

истодан

stand

давидан

run

кашидан

pull

партофтан

throw

афтидан

fall

дароз кашидан

lie

интизор шудан

wait

бардошта бурдан

carry

нишастан

sit

либос пӯшидан

get dressed

хобин

sleep

бедор шудан

wake up

нигоҳ кардан

look at

гиря кардан

cry

сила кардан

stroke

шона

comb

гап задан

talk

фаҳмидан

understand

пурсидан

ask

гӯш кардан

listen

нӯштдан

drink

хӯрдан

eat

ғундоштан

tidy up

ишқ

love

ошпаз

cook

рондан

drive

парвоз кардан

fly

бо бодбон ҳаракат кардан

sail

ҳисоб кардан

calculate

хондан

read

омӯхтан

learn

кор

work

оиладор шудан

marry

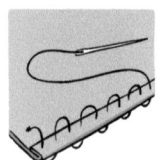

дӯхтан

sew

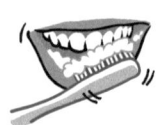

дадон шӯстан

brush teeth

куштан

kill

дуд

smoke

фиристодан

send

биби
grandmother

бобо
grandfather

падар
father

модар
mother

кӯдак
baby

хоҳар
daughter

писар
son

меҳмон

guest

хола

aunt

амак

uncle

бародар

brother

хоҳар

sister

бадан
body

пешонӣ
forehead
чашм
eye
китф
shoulder
ангушт
finger
рӯй
face
манаҳ
chin
панҷаи даст
hand
қафаси сина
breast
пой
leg
даст
arm

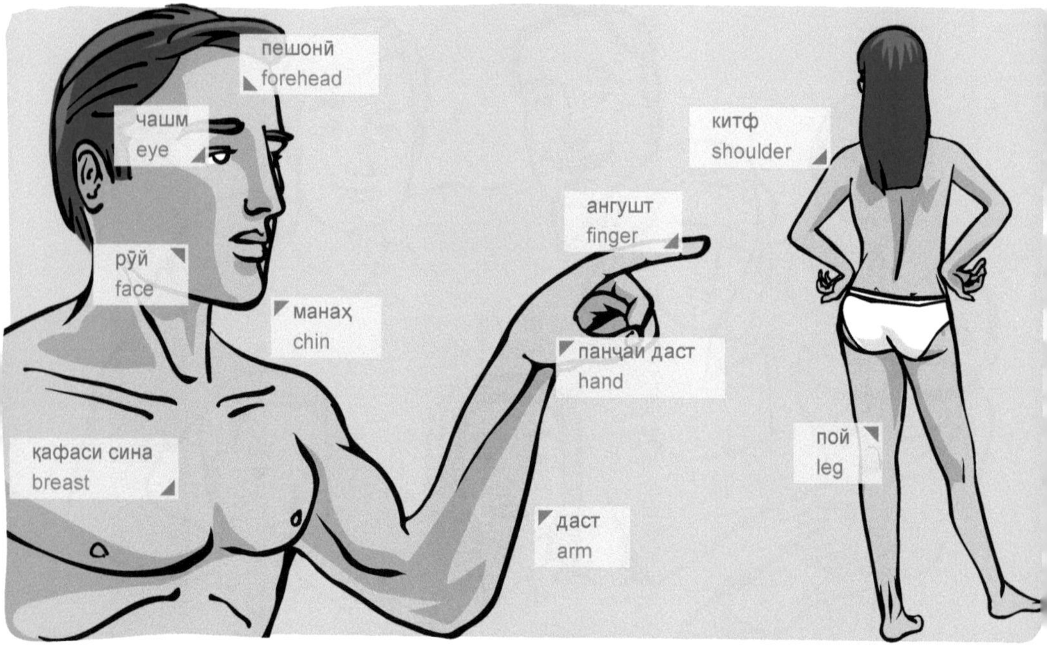

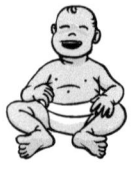

кӯдак

baby

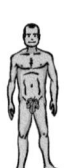

мард

man

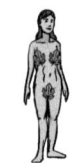

зан

woman

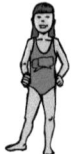

духтар

girl

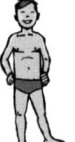

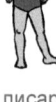

писар

boy

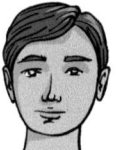

сар

head

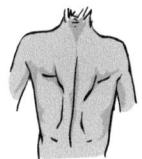

пушт

back

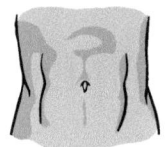

шикам

belly

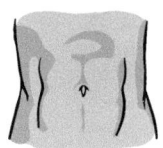

ноф

navel

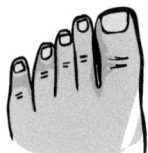

ангушти пой

toe

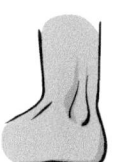

пошнаи пой

heel

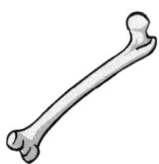

устухон

bone

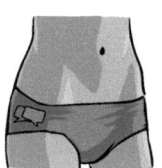

рон

hip

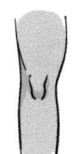

зону

knee

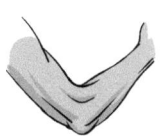

оринҷ

elbow

бинй

nose

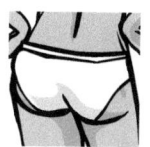

таг

buttocks

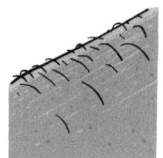

пӯст

skin

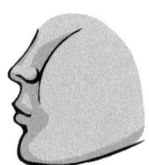

рухсора

cheek

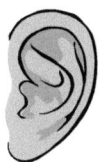

гӯш

ear

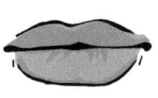

лаб

lip

даҳон

mouth

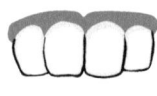

дадон

tooth

забон

tongue

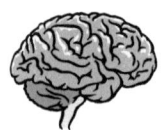

майнаи сар

brain

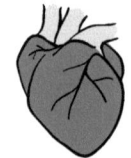

дил

heart

мушак

muscle

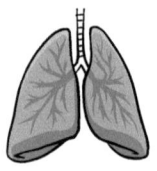

шуш

lung

ҷигар

liver

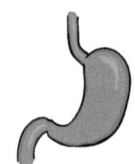

меъда

stomach

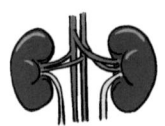

гурдаҳо

kidneys

алоқаи ҷинсӣ

sex

рифола

condom

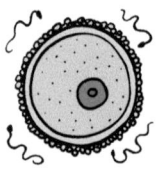

тухмҳуҷайра

ovum

нутфа

semen

ҳомиладорӣ

pregnancy

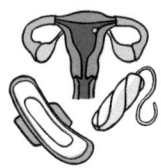

ҳайз

menstruation

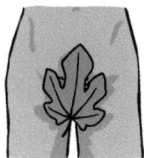

маҳбал

vagina

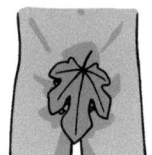

кер

penis

абрӯ

eyebrow

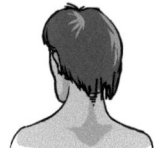

мӯй

hair

гардан

neck

бадан - body

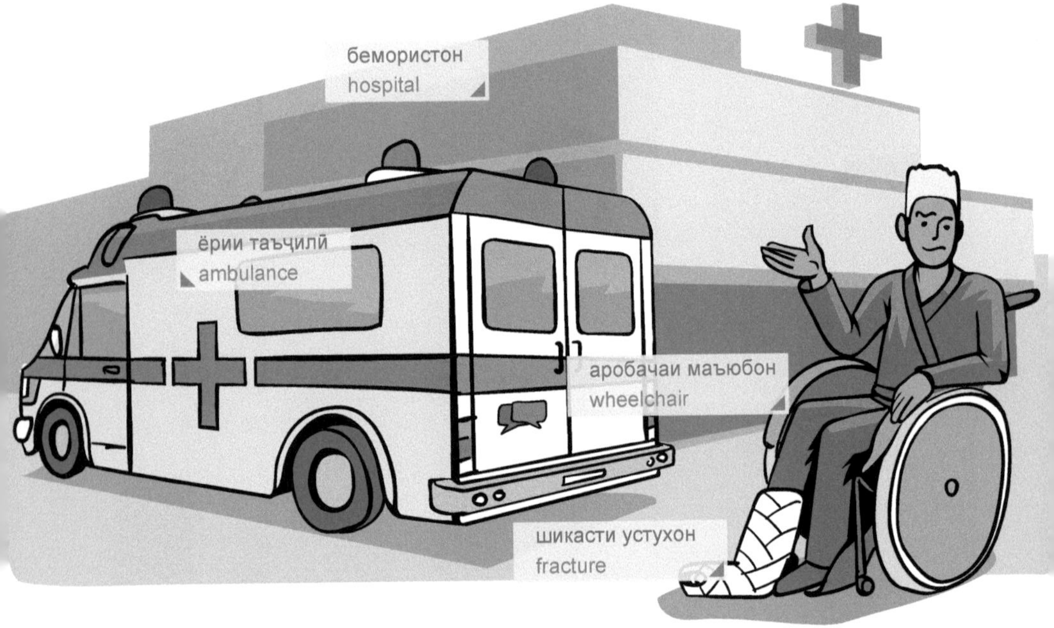

бемористон

hospital

бемористон
hospital
ёрии таъҷилӣ
ambulance
аробачаи маъюбон
wheelchair
шикасти устухон
fracture

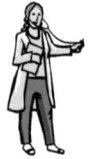

духтур

doctor

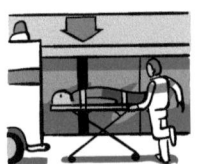

ҳуҷраи ёрии фаврӣ

emergency room

ҳамшираи тиббӣ

nurse

ҳолати фавқулодда

emergency

беҳуш

unconscious

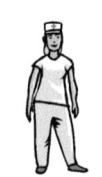

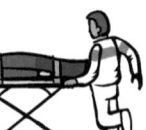

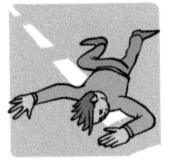

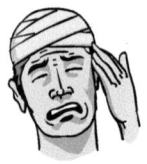

дард

pain

ҷароҳат

injury

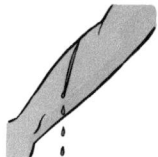

хунравӣ

bleeding

дилзанак

heart attack

сактаи майна

stroke

аллергия

allergy

сулфа

cough

табларза

fever

грипп

flu

шикамравӣ

diarrhea

сардард

headache

саратон

cancer

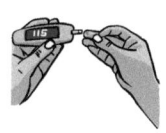

диабет

diabetes

ҷарроҳ

surgeon

скалпел

scalpel

ҷарроҳӣ

operation

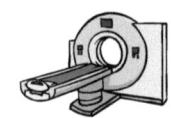

Томографияи компютерӣ

CT

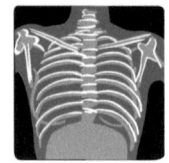

шӯъои ренгенӣ

x-ray

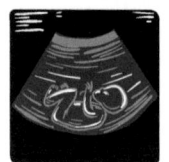

ултрасадо

ultrasound

ниқоби рӯй

face mask

беморӣ

disease

хучраи интизорӣ

waiting room

асобағал

crutch

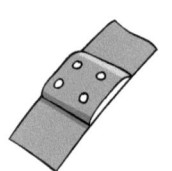

марҳам

plaster

дока

bandage

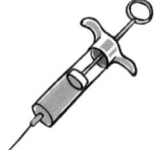

сӯзандору

injection

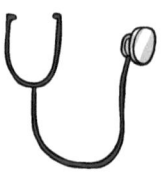

стетоскоп

stethoscope

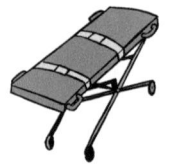

занбар

stretcher

ҳароратсанҷ

clinical thermometer

таваллуд

birth

вазни зиёдатӣ

overweight

тачхизоти шунавой

hearing aid

моддаи безараргардонй

disinfectant

инфексия

infection

вирус

virus

ВИЧ / СПИД

HIV / AIDS

дору

medicine

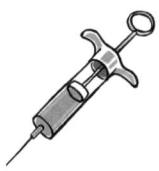

ваксинатсия

vaccination

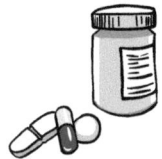

хабхо

tablets

хаб

pill

занги изтирорй

emergency call

монитори фишори хун

blood pressure monitor

бемор/солим

ill / healthy

Кумак!	ҳушдор	ҳучум
Help!	alarm	assault

ҳамла	хатар	баромадгоҳи таҳлиявӣ
attack	danger	emergency exit

Сӯхтор!	оташнишон	садама
Fire!	fire extinguisher	accident

дорукуттӣ	бонги хатар	полис
first-aid kit	SOS	police

Аврупо

Europe

Америкаи Шимолӣ

North America

Америкаи Ҷанубӣ

South America

Африка

Africa

Осиё

Asia

Австралия

Australia

Уқёнуси Атлантик

Atlantic

Уқёнуси Ором

Pacific

Уқёнуси Ҳинд

Indian Ocean

Уқёнуси Антарктика

Antarctic Ocean

Уқёнуси Арктика

Arctic Ocean

Қутби шимол

North pole

Кутби ҷануб

South pole

Антарктика

Antarctica

замин

earth

замин

land

баҳр

sea

ҷазира

island

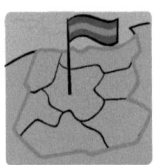

миллат

nation

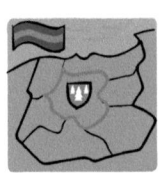

давлат

state

сиферблат

clock face

ақрабаки соат

hour hand

ақрабаки дақиқашумор

minute hand

ақрабаки сонияшумор

second hand

Соат чанд?

What time is it?

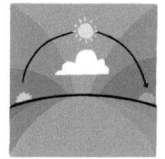

рӯз

day

замон

time

ҳозир

now

соати электронӣ

digital watch

лаҳза

minute

соат

hour

ҳафта
week

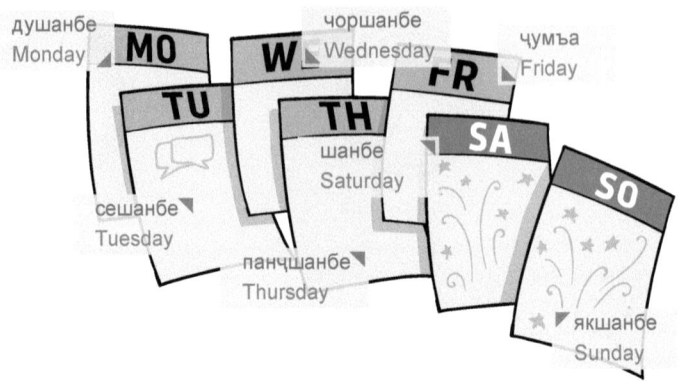

дирӯз

yesterday

имрӯз

today

фардо

tomorrow

пагоҳирӯзй

morning

нимрӯз

noon

шом

evening

рӯзҳои корй

workdays

истироҳат

weekend

сол
year

борон
rain
рангинкамон
rainbow
барф
snow
шамол
wind
баҳор
spring
тирамоҳ
fall
тобистон
summer
зимистон
winter

4.APRIL 11°
5.APRIL 4°
6.APRIL 13°
7.APRIL 8°
8.APRIL 10°

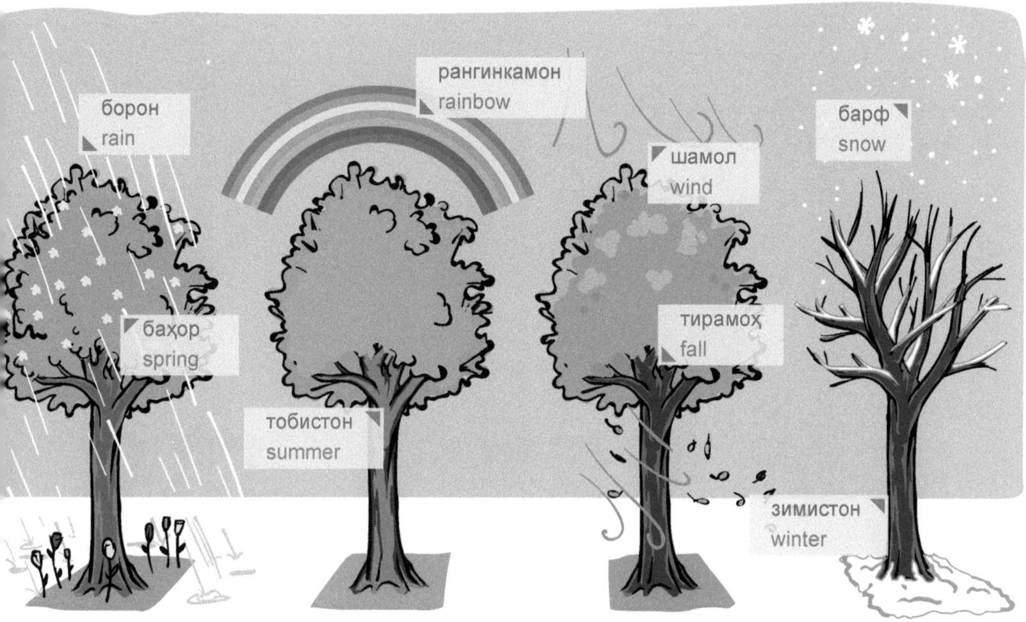

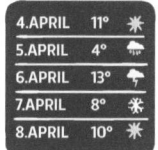

Обу ҳаво
weather forecast

F C
120 40
90 30
60 20
30 10
0 0
-30 -10
-20

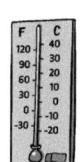

ҳароратсанҷ
thermometer

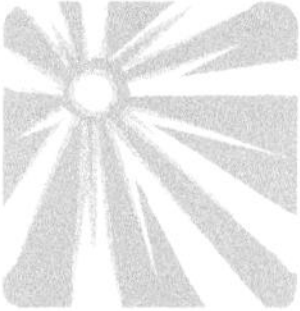

равшании офтоб
sunshine

абр
cloud

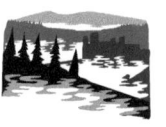

туман
fog

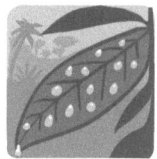

намнок
humidity

барқ
....
lightning

тундар
....
thunder

тӯфон
....
storm

жола
....
hail

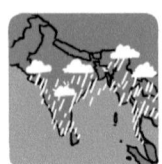

муссон
....
monsoon

обхезй
....
flood

ях
....
ice

январ
....
January

феврал
....
February

март
....
March

апрел
....
April

май
....
May

июн
....
June

июл
....
July

август
....
August

сол - year

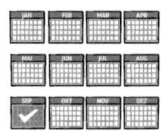

сентябр

September

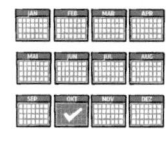

октябр

October

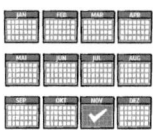

ноябр

November

декабр

December

баст

shapes

давра

circle

мураббаъ

square

росткуньа

rectangle

секуньа

triangle

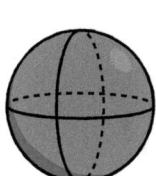

соньаи

sphere

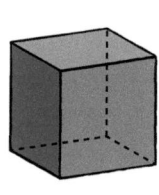

мукааб

cube

гулобӣ

white

хокистаранг

yellow

зард

orange

бунафшранг

pink

сурх

red

қаҳваранг

purple

кабуд

blue

сиёҳ

green

кабуд

brown

сафед

gray

сабз

black

бисёр/кам

a lot / a little

хашмгин / ором

angry / calm

зебо/безеб

beautiful / ugly

оғози / охири

beginning / end

калон/хурд

big / small

дурахшон / торик

bright / dark

бародари / хоҳар

brother / sister

тоза/чиркин

clean / dirty

пурра / нопурра

complete / incomplete

рӯзи / шаб

day / night

мурдагон / зинда

dead / alive

кушод/танг

wide / narrow

хӯрданӣ /
хӯрданашаванда
edible / inedible

бад/нек

evil / kind

ба ҳаяҷон / дилгир

excited / bored

ғавс/борик

fat / thin

якум/охирин

first / last

Дӯсти / душмани

friend / enemy

пур/холӣ

full / empty

сахт/мулоим

hard / soft

вазнин/сабук

heavy / light

гуруснагӣ / ташнагӣ

hunger / thirst

бемор/солим

ill / healthy

ғайриқонунӣ / ҳуқуқӣ

illegal / legal

соҳибақл / беақл

intelligent / stupid

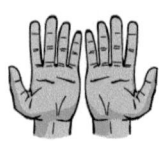

рост/чап

left / right

наздик/дур

near / far

нави / истифода бурда
мешавад

new / used

ҳеҷ / чизе

nothing / something

пир/ҷавон

old / young

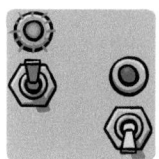

оид / хомӯш

on / off

кушода/пӯшида

open / closed

паст/баланд

quiet / loud

бой/камбағал

rich / poor

дуруст/нодуруст

right / wrong

дурушт/ҳамвор

rough / smooth

ғамгин/хушбахт

sad / happy

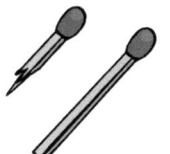

кӯтоҳ/дароз

short / long

оҳиста/тез

slow / fast

тар/хушк

wet / dry

гарм / сард

warm / cool

ҷанг / сулҳ

war / peace

мухолифат - opposites

0

нол

zero

1

як

one

2

ду

two

3

се

three

4

чор

four

5

панҷ

five

6

шаш

six

7

ҳафт

seven

8

ҳашт

eight

9

нӯҳ

nine

10

даҳ

ten

11

ёздаҳ

eleven

12
дувоздаҳ

twelve

13
сенздаҳ

thirteen

14
чордаҳ

fourteen

15
понздаҳ

fifteen

16
шонздаҳ

sixteen

17
ҳабдаҳ

seventeen

18
ҳаждаҳ

eighteen

19
нуздаҳ

nineteen

20
бист

twenty

100
сад

hundred

1.000
ҳазор

thousand

1.000.000
миллион

million

англисӣ

English

англисии амрикой

American English

мандарини хитой

Chinese Mandarin

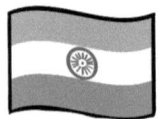

ҳиндӣ

Hindi

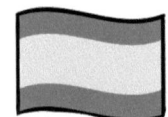

испанӣ

Spanish

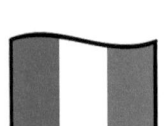

фаронсавӣ

French

арабӣ

Arabic

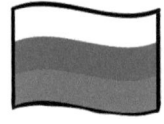

русӣ

Russian

португалӣ

Portuguese

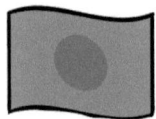

бенгалӣ

Bengali

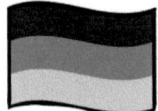

олмонӣ

German

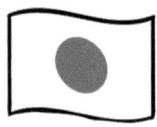

ҷопонӣ

Japanese

ман

I

шумо

you

Ӯ / вай / он

he / she / it

мо

we

шумо

you

онҳо

they

ки?

who?

чӣ?

what?

Чӣ хел?

how?

дар куҷо?

where?

кай?

when?

ном

name

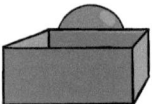

аз паси

behind

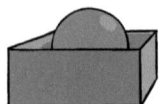

дар

in

дар пеши

in front of

дар болои

over

дар рӯи

on

дар зери

under

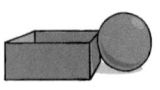

дар назди

beside

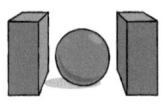

миёни

between

чой

place